# MEMOIRE

POUR Messire JEAN-JOACHIM ROUAUT, Chevalier Marquis de Gamache, Maréchal des Camps & Armées du Roi, Seigneur & Gouverneur de Saint Valery, Pays & Roc de Cayeu.

ET Dame CATHERINE-CONSTANCE-EMILIE ARNAULD DE POMPONNE, son épouse, Appellans.

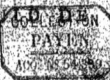

CONTRE Jean-Baptiste-Antoine Le Vacher, Tuteur de Demoiselle Constance-Simonette-Flore-Gabriele Rouault, Intimé.

C'EST avec un extrême regret que la Marquise de Gamache entreprend de combattre les dernieres volontés d'un Pere, à qui elle s'est attachée dans tous les tems à donner des preuves de son respect & de sa véneration. Elle ne doit pas même se dissimuler que le nom du Testateur, ce nom d'Arnauld, si cheri des Gens de bien, & si illustré par les vertus des Grands hommes de tous les états qui l'ont porté, peut d'abord former contr'elle une espece de préjugé. Mais ce préjugé s'effacera bien-tôt à la premiere lecture des dispositions du Marquis de Pomponne, qu'on a crû devoir mettre par l'impression sous les yeux de la Cour, par ce que la Marquise de Gamache tire du Testament même, & des Codiciles qui l'accompagnent, tous les moyens dont elle se sert pour les attaquer. Si la Marquise de Gamache doit beaucoup à la mémoire de son pere, elle doit encore plus à son mari, que son nom & ses qualités personnelles lui rendent infiniment cher, & avec qui elle a toujours vécu dans l'union la plus parfaite. Il n'a pas été permis à la Marquise de Gamache d'être insensible aux outrages que le Testateur a faits à son mari. Elle n'a pas dû se persuader que la Justice autorisât des dispositions marquées au coin d'une haine injustement conçue par le Testateur contre le nom & la personne de son Gendre, dont l'effet retombe sur la fille unique du Testateur, quoiqu'elle n'ait jamais démerité de son pere, & que le Testateur lui-même n'ait pû se refuser d'en faire l'éloge. Enfin la Marquise de Gamache n'a pû voir qu'avec effroi, qu'on ne pouvoit exécuter les dernieres volontés de son pere, sans violer les droits les plus saints, sans porter une atteinte mortelle aux liens sacrés qui unissent à son mari, sans soustraire ses enfans à l'autorité de leur pere, sans porter le trouble & la désolation dans la famille, sans armer les enfans contre leurs pere & mere, &, ce qu'il y a de plus inconcevable, sans former un obstacle invincible à l'établissement de la mineure que le Testateur paroît avoir eu en vue de gratifier. Telles sont les impressions funestes qui naissent dans tous les esprits à la premiere lecture des dispositions que la Marquise de Gamache est aujourd'hui forcée d'attaquer.

Au mois de juin 17.. la Marquise de Pomponne maria sa ... Apisllin ... teur ... unique au Marquis de Gamache, qui étoit alors

connu dans le monde fous le nom de *Comte de Cayeu*. Ils lui conftituerent en
dot 350000 l. mais il n'y eut de dot préfente & effective que 150000 l. les
200000 liv. reftantes ne feront délivrées à l'Appellante, qu'après le décès de fes pere & mere, fans intérêt pendant leur vie, & il eft ftipulé
qu'au moyen des avantages faits par le Marquis & la Marquife de Pomponne à leur fille, le furvivant de fes pere & mere jouïra de tous les
biens du prédécédé, tant propres, que meubles, acquêts & conquêts
immeubles, fans pouvoir lui en demander compte ni partage. Ainfi tout
ce que la Marquife de Gamache a reçû de la liberalité de fes pere &
mere fe réduit à 150000 liv. & quoique la fucceffion du Marquis de Pomponne foit actuellement ouverte, l'ouverture de cette fucceffion ne
change rien à la fituation préfente de la Marquife de Gamache fa fille
unique: la Marquife de Pomponne fa mere doit jouïr tranquillement pendant fa vie du furplus des biens de fon mari.

Le Marquis & la Marquife de Gamache ont paffé les fept premieres
années de leur mariage avec le Marquis & la Marquife de Pomponne,
mais ces fept années ont été pour les Appellans un tems de douleur &
d'amertume: ne pouvant plus réfifter aux mauvais traitemens qu'ils ef-
fuyoient journellement, ils fe déterminerent en 1722 à prendre une demeure féparée. Il n'en fallut pas davantage pour achever d'irriter le Marquis de Pomponne contre fon Gendre. Il regarda cette retraite comme
une injure, & comme une efpece de rapt que fon gendre lui faifoit de fa
fille, à laquelle il s'efforça inutilement de perfuader d'abandonner fon mari,
pour continuer de demeurer avec fes pere & mere.

Entre une infinité de fcénes dont l'Appellante voudroit avoir perdu le
fouvenir, il en eft une dont on ne peut fe difpenfer de rendre compte,
pour faire connoître à la Cour à quel excès le Marquis de Pomponne por-
toit la haine injufte qu'il avoit conçûe contre le Marquis de Gamache fon
gendre.

En 1730, vers le mois d'Août, ou de Septembre, la Marquife de
Gamache alla paffer quelque tems à Pomponne, elle étoit alors mere de
deux filles & d'un fils, & elle étoit enceinte: après une converfation
affez longue avec fes pere & mere fur la deftination de l'enfant dont elle
étoit enceinte, le Marquis de Pomponne fortit du Cabinet; la Marquife
de Gamache fuivit fon pere, & en l'embraffant elle lui dit: Je vais vous
confier un fecret: Mon mari m'entretient tous les jours du plaifir qu'il fe fait,
de vous offrir l'enfant que je porte dans mon fein, fi c'eft un mâle, pour
que vous lui faffiez l'honneur de le regarder comme votre fils, en lui
donnant votre nom. A cette ouverture de cœur, qui auroit dû naturelle-
ment flater le Marquis de Pomponne, il répondit féchement, *Qu'il n'en
faffe rien, je lui ferois l'affront de le refufer.* Et tout de fuite il ajoûta en fe
reprenant, *Non, ne l'en empêchez pas, car je ferai charmé de lui en faire
l'affront; fon nom n'eft pas fait pour avoir l'honneur de porter le mien.* La Marquife de Gamache ne pût s'empêcher de témoigner fa furprife & fa fen-
fibilité à un pareil outrage: elle dit au Marquis de Pomponne qu'elle
étoit bien-aife d'avoir été indifcrete pour la premiere fois de fa vie, &
qu'elle trouveroit le moyen d'épargner à fon mari l'affront qu'on lui
préparoit. Le Marquis de Pomponne s'irrita, & fur ce que la Marquife de
Gamache lui dit: *Je ne ferois pas digne d'être votre fille, fi je laiffois faire un*

*outrage à mon mari, en étant prévenue.* Le Marquis de Pomponne lui répliqua, *Allez, Madame, vous aimez mieux votre mari que moi, puisque vous n'entrez point dans mes sentimens. Je vous l'ai déja dit, tous mes projets sont pour la petite de Cayeu votre seconde fille, aucun Gamache n'aura jamais rien de moi.* Un fait de cette espece paroît d'abord incroyable, & l'on ne doit pas s'attendre que l'Appellante ait à la main la preuve d'un discours que son pere lui a tenu en particulier. Mais il est des personnes dignes de foi, qui en ont été instruites dans le tems, à qui le Marquis de Pomponne ne l'a point alors dissimulé, & qui seroient en état d'en rendre aujourd'hui témoignage. Mais pour manifester aux yeux de la Cour le principe vicieux qui a produit les dispositions dont l'Appellante se plaint, il n'est pas nécessaire de se jetter dans des faits étrangers au Testament & aux Codiciles du Marquis de Pomponne, il ne faut que les lire.

Dans le Testament qui est olographe, daté du 20 Août 1721, il y a d'abord plusieurs dispositions pieuses ou en faveur de Domestiques, que l'Appellante est bien éloignée de contester, & qu'elle auroit exécutées d'elle-même, quand son pere ne lui en auroit pas imposé la loi.

A ces premieres dispositions succedent celles dont il est indispensable de rendre compte.

» Quant au surplus de tous mes biens dont je me trouverai saisi au jour » de mon décès, en quoi que le tout puisse consister, droits & actions, je » déclare au cas que je décede sans enfans mâles ou femelles nez de moi, » autres que ma fille unique, aujourd'hui Catherine-Constance-Emilie Ar- » nauld de Pomponne, Comtesse de Cayeu, que je fais madite fille de » Cayeu ma légataire universelle, pour jouïr sa vie durant de tous les biens » dont je n'aurai point disposé au jour de mon décès, soit par Testament, » soit par Codicile, tant en meubles qu'immeubles, propres, acquêts & » conquêts immeubles; sçavoir, en pleine propriété pour ce qui lui doit » appartenir pour sa légitime, y compris les cent cinquante mille livres que » je lui ai payées sur sa dot . . . . . » Et quant au surplus de mes biens, je veux » que madite fille de Cayeu n'en jouïsse qu'à titre de simple usufruitiere, pour » être cet usufruit réuni & consolidé après le décès de madite fille au profit » de ceux ou celles à qui je leguerai cette propriété, & si je n'en disposois » point par la suite d'autre façon à elle même, & à son profit, *à condition* » *expresse que pendant la jouïssance de son usufruit elle acquitera moitié des dettes* » *qui pourront se trouver au jour de mon décès, si elles montent à la somme de qua-* » *tre-vingt mille livres & moins sur les revenus de mesdits biens, pour quoi faire je* » *lui donne le terme de huit années afin qu'elle puisse le faire plus commodément, à* » *l'exception des fondations & petits legs que je pourrois faire posterieurement au* » *présent Testament, & cy-devant par icelui à mes domestiques que je veux qui* » *soient les premiers acquittez, suivant l'arrangement que j'en ai fait.*

Par cette premiere disposition l'Appellante ne doit avoir en pleine propriété que sa légitime, sur laquelle seront imputées les 150000 livres qu'elle a reçûes de dot présente lors de son mariage. A l'égard du surplus, elle n'en doit jouïr qu'en usufruit, à condition d'acquitter sur cet usufruit moitié des dettes qui se trouveront au décès du Testateur, si elles montent à 80000 livres au moins, & cela dans l'espace de huit années; mais à condition en même-tems d'acquitter sans délai les fondations & les legs faits aux Domeſtiques. On verra dans la ſuite que cet uſufruit de l'excédent de la légitime n'eſt qu'une véritable chimere, eu égard aux charges dont cet uſufruit eſt grevé, ſoit par le Teſtament, ſoit par les Codiciles dont ce Teſtament a été ſuivi. Reprenons les clauſes du Teſtament.

» Je veux & ordonne qu'après mon décès il ſera fait bon, loyal & éxact » inventaire de tous les biens & effets de ma ſucceſſion, tant meubles qu'im- » meubles, ſoit dans mes Châteaux & Terres, que dans ma Maiſon de Pa- » ris, afin d'en aſſurer d'autant plus la conſervation à madite fille, & à ceux » à qui je les donne & pourrai donner après elle, *lui défendant expreſſément* » *de divertir aucuns meubles meublans, ni de les laiſſer tranſporter dans les Terres* » *de ſon mari*; & je défends particulierement de déplacer aucuns d'iceux qui » ſe trouveront dans mon Château de Pomponne, deſquels il ſera fait Inven- » taire ſéparé, avec eſtimation de leur valeur juſte, précise & ſans crüe, » *n'étant pas leſdits meubles ſuſceptibles d'être vendus, pour quelque cauſe que ce* » *ſoit, à cauſe de mes vûës, & parce que telle eſt ma volonté.*

Rien n'eſt plus ſingulier que cette précaution de défendre à ſa fille unique *de divertir aucuns meubles meublans, ni de les laiſſer tranſporter dans* *les Terres de ſon mari.*

Mais voici la diſpoſition la plus odieuſe qu'il ſoit poſſible d'imaginer.

» Quoique j'eſtime & conſidere beaucoup le Comte de Cayeu mon gen- » dre, & que je connoiſſe ſes bonnes qualitez, je connois de même, y ayant » plus de ſix ans qu'il demeure avec moi, ſon peu de capacité en affaires, » & ſa trop grande confiance & facilité envers ſes Domeſtiques & Gens » d'affaires, auxquels il accorde trop de pouvoir ſur ſon eſprit; ainſi vou- » lant que tous les biens de ma ſucceſſion ſoient bien gouvernez *& ne dépe-* » *riſſent point par une mauvaiſe ou peu fidéle adminiſtration*, j'ordonne, veux & » entens que tous mes biens ſoient gouvernez & les revenus touchez, reçûs » & adminiſtrez par madite fille de Cayeu *ſur ſes quittances ſeules, parce que* » *je connois qu'elle en eſt très capable*; pour quoi faire je veux *qu'elle ſe faſſe au-* » *toriſer par Juſtice au refus de ſon mari, même ſéparer quant aux biens, & ma vo-* » *lonté expreſſe & précise eſt que la choſe ſoit ainſi*, que madite fille faſſe les » baux des terres, fermes, marchez & adjudications des bois taillis, & au- » tres, & en reçoive le prix ſur ſes quittances, ſans avoir beſoin de la ſigna- » ture de ſon mari, après s'être fait, ainſi que je l'ordonne expreſſément, » *autoriſer par Juſtice à ſon refus, ou ſéparer d'avec lui quant aux biens*, ſelon ce » qui ſera le plus ſûr pour elle & pour la conſervation de ſes biens & revenus. » Il en ſera de même des rembourſemens de rentes & fonds de meſdits biens, » que je veux que madite fille ait ſeule puiſſance de recevoir, à condition » d'y appeller & d'en faire les remplois en préſence de ceux qui ſeront » appellez après elle à meſdits biens, *perſuadé*, comme j'ai dit, *de la capa-* » *cité de madite fille, comme de ſon bon eſprit & du reſpect qu'elle aura pour mes* » *déciſions*. Et au cas que madite fille de Cayeu par crainte de ſon mari, ou par » d'autres conſidérations, ne voulût exécuter ma volonté, en ne ſe faiſant point » autoriſer par Juſtice ou ſéparer quant aux biens d'avec ſon mari; ou que » ſon mari l'empêchât ou s'y oppoſât, à l'effet de joüir par lui-même des » revenus de meſdits biens, *je la prive & lui pareillement de l'uſufruit de ceux* » *dont je diſpoſerai par après, ſoit par le préſent Teſtament ou par Codicile*, » *& je les reduits l'un & l'autre à celui ſeul des fonds à quoi pourra monter la légi-*

*time*

»time de madite fille, en rapportant par elle à la maſſe des biens les cent cin-
»quante mille livres que je lui ai payé, comme il eſt dit ci-devant, de mes
»deniers ſur le prix de la vente de ma Terre & Baronnie de Ferrieres,
» laquelle privation d'uſufruit ne durera toutes fois à l'égard de madite fille qu'au-
» tant que ſon retardement, ſoit volontaire, ſoit contraint à exécuter ma volonté,
» & pendant la vie ſeulement de ſon mari ſi c'eſt lui qui s'y oppoſe, voulant qu'elle
» y ſoit reſtituée, & que ledit uſufruit lui ſoit rendu quand elle aura accom-
» pli ma volonté en ce point, ou auſſi-tôt après le décès de ſon mari, en
» attendant lequel de l'un ou de l'autre de ces cas, je donne le ſurplus du
» revenu de mes biens, la légitime de ma fille remplie, à ceux que je pourrai
» inſtituer par la ſuite mes légataires; j'ordonne toutes fois & entends que ſi
» mon gendre le Comte de Cayeu venoit à décéder avant madite fille ſa fem-
» me, qu'elle rentre auſſi-tôt en joüiſſance pleine & entiere de tous mes biens
» pendant ſa vie, quant à ce qui regardera l'uſufruit, & même de ceux dont
» je pourrois léguer après elle la propriété ou ſubſtituer, aux réſerves que je
» jugerai à propos d'y joindre, & ce ſans aucune difficulté de la part de mes
» légataires, dès auſſi-tôt, ou que madite fille aura rempli ma volonté, ou
» que même par la ſuite, ſon mari auroit ou pourroit conſentir ladite ſépa-
» ration de biens.

» Mais comme il eſt juſte auſſi que ma fille ſe faiſant, ainſi que je l'or-
» donne expreſſément, ſéparer quant au biens d'avec ſon mari & joüiſſante
» par elle-même de ſes revenus, ne lui ſoit pas à charge, j'ordonne qu'elle
» lui payera une penſion tant pour elle que pour les Domeſtiques ſervans à
» ſa perſonne, laquelle ſera entr'eux reglée & arbitrée ſelon la raiſon & ſui-
» vant la quantité de Domeſtiques & de chevaux qu'elle voudra avoir pour
» elle en particulier, par ſept des parens les plus proches & amis communs
» tant de ſon côté que de celui de ſon mari, dont quatre ſeront du côté tant
» paternel que maternel de madite fille.

Il n'y a jamais rien eu de plus inoüi qu'une ſemblable diſpoſition. Pour éxécuter les dernieres volontés de ſon pere, & pour mériter de joüir par
uſufruit de ce qui excede ſa légitime, il faut que l'Appellante déclare la
guerre à un mari d'un nom illuſtre, dont la conduite eſt irreprochable,
& qui ne lui a jamais donné que des marques d'eſtime & de confiance;
il faut qu'elle entreprenne de le ſouſtraire à ſon autorité. Les loix divines
& humaines la conſtituent dans la dépendance de ſon mari, & ſoumet-
tent ſa perſonne & ſes biens à l'adminiſtration de ce mari, & le Teſtateur
éxige que l'Appellante ſa fille, au mépris des plus ſaintes Loix, ſe livre
au ſcandale de ſecouer ſans raiſon & ſans prétexte, un joug que la Religion & la Loi civile lui impoſent également. Ne pouſſons pas plus loin les
réflexions.

A cette diſpoſition ſouverainement inique ſuccede une autre diſpoſition extrêmement bizarre.

» Je défends expreſſément à madite fille de Cayeu & à ſon mari, de dé-
» grader les hauts bois, plans & rangées d'Ormes, & autres, Chênes, Liſie-
» res, & autres bois de madite Terre & Marquiſat de Pomponne, & d'en
» vendre aucuns de ceux qui ſe trouveront ſur pied lors de mon décès, deſquels tant
» gros que jeunes, je veux qu'il ſoit fait un Procès-verbal en forme de la quantité
» & qualité; j'ordonne au contraire que leſdits plans & rangées ſeront très-

B

» foigneufement entretenus , au moyen des Pépinières que j'ai eu foin d'é-
» lever , que j'ordonne qui le foient auffi. Et fuppofé qu'il y eût *des rangées*
» *d'Arbres &* anciens plans abfolument fur leur rètour , & qu'il fût néceffaire
» d'arracher pour en planter de nouveaux , comme j'ai fait en plufieurs
» endroits de madite Terre , je veux que *les marchez & adjudications en*
» *foient faits en Juftice* , après vifite faite par Experts pour connoître de la néceffité
» *de les renouveller ,* & *les fommes qui en proviendront mifes en fonds pour accroif-*
» *fement* , & comme faifant partie des biens de ma fucceffion ; & l'emploi
» fait pour être confolidé au profit des defcendans de ma fille , ou de ceux
» qu'à défaut de fes enfans j'appellerai par la fuite au legs univerfel de tous
» mes biens ; & être lefdites rangées d'arbres auffi-tôt replantées en jeunes
» arbres qui feront élevez & cultivez avec foin.

Il eft inconcevable qu'une fille unique n'ait pas la liberté de difpofer
d'un feul des arbres qui fe trouveront fur pied au décès de fon pere, *tant*
*gros que jeunes,* dans une Terre qui dans tous les tems a fait les délices des
Peres de l'Appellante , fans être affujettie à des formalités rigoureufes &
difpendieufes , à des procès-verbaux en forme , à des vifites , à des emplois , & cela pour la confervation des moindres arbuftes.

Lorfque le Marquis de Pomponne a fait ce premier Teftament , l'Appellante n'avoit point encore d'enfans. Prévoyant le cas qu'elle pourra décéder fans en avoir , il porte fes vûes d'abord fur le Marquis de Feuquieres & fa defcendance : *après & fupofé le décès de fa fille fans enfans,* le
Teftateur legue au Marquis de Feuquieres l'ufufruit de tous fes biens, *à*
*condition expreffe & non autrement,* dit le Teftateur, que le Marquis de Feuquieres *chargera l'écu de fes armes des miennes,* & *que dans tous actes il join-*
*dra à fes noms & qualités celui d'Arnauld.* La propriété des mêmes biens
eft leguée au fecond fils du Marquis de Feuquieres, à moins que l'aîné
ne voulût fubir la même condition , de porter le Nom & les Armes , &
auffi la Livrée du Teftateur , & à charge de fubftitution graduelle & per-
pétuelle , fuivant l'ordre de primogéniture , & préférant toujours les mâles
aux femelles.

En cas de décès du Marquis de Feuquieres fans enfans mâles , le Teftateur appelle le fecond fils du Marquis de Heudetot , & au défaut de
ce fecond fils , les autres puînés fucceffivement , aux mêmes charges &
conditions.

Au défaut des enfans mâles du Marquis de Heudetot , le Teftateur appelle les defcendans des filles de la Marquife de Torcy fa fœur , & à
leur défaut les puînés mâles de cette même fœur.

Voici préfentement les précautions que prend le Teftateur pour conferver dans fon intégrité le fond chargé de fubftitution.

» Et pour conferver le fond chargé de fubftitution dans fon intégrité ,
» afin que ceux qui doivent porter mon nom & mes armes le puiffent fou-
» tenir plus dignement , je veux & entends que fur le revenu des biens
» compris dans la prefente fubftitution , il foit pris après le décès de ma
» fille de Cayeu , la même fomme qui pourroit avoir été prife fur mes biens
» pour le payement , tant de mes dettes , que de mes frais funeraires , &
» qu'il en foit fait emploi au profit de ceux qui font appellez à la fubftitution

» cy-deſſus, préferant toujours les acquiſitions en héritages & Terres pro-
» che de Pomponne à tous autres autant qu'il ſe pourra, leſquels emplois
» ſeront faits de l'avis & en la préſence du plus prochain appellé à la ſub-
» ſtitution après celui qui aura recueilli à titre d'inſtitution, c'eſt-à-dire, &
» cela ſeulement pour exemple, que ſi faute de fille de ma famille, c'étoit
» mon couſin de Feuquieres qui recueillît le premier ou ſes enfans, ces em-
» plois ſe feroient de l'avis & en la préſence de ceux qui ſont appellez les
» premiers après eux, & ainſi des autres ſans autre formalité ; Voulant
» toutefois que ceux qui joüiront de meſdits biens, ſoit à titre d'inſtitution
» ou de Fideicommis, retiennent annuellement le quart des revenus, les
» charges préalablement déduites ſur le tout ; enſorte qu'il n'y ait que les
» trois quarts qui ſoient employez audit remplacement de mes dettes, ſup-
» poſé que j'en laiſſe quelqu'unes...... Je veux que mes heritiers des qua-
» tre quints des propres qui me reſteront en nature, ſoient récompenſez
» en biens & effets de ma ſucceſſion, la valeur de ce qui peut être propre
» dans ma Terre & Marquiſat de Pomponne, afin de la conſerver en entier
» à ceux qui porteront mon nom & mes armes de la maniere ci-devant ex-
» pliquée, ordonnée & entendue ; & quoique l'indiviſibilité de cette Terre
» rende cette indemnité néceſſaire, je veux cependant afin de dédommager
» encore plus pleinement ceux qui doivent ſucceder auſdits quatre cinquié-
» mes de ce qui m'eſt de nature de propres dans ladite Terre, qu'il leur
» ſoit payé ſur les revenus d'icelle la ſomme de douze mille livres par-
» deſſus & au de-là de la valeur deſdits quatre cinquiémes dans le cours de
» quatre années, & en quatre-payemens égaux de trois mille liv. chacun,
» & ce préferablement au remplacement de mes dettes, ſi j'en laiſſe quel-
» qu'unes, qui en ſera ſeulement d'autant retardé.

On ne peut pas trop ſçavoir ſi le Teſtateur s'eſt entendu lui-même
dans l'arrangement d'une ſemblable diſpoſition dont l'exécution eſt impraticable, & réduit ceux qui ſont appellés au fidei-commis à une triſte
ſituation, puiſque juſqu'au remplacement des dettes, ils ne joüiront que
du quart des revenus dont les trois quarts doivent être employés à ce
remplacement, & à l'égard de l'indemnité des quatre quints de la Terre
de Pomponne, il eſt abſolument impoſſible de la trouver ſur les autres
biens du Teſtateur, dont la plus grande partie conſiſte en propres.

Mais voici encore une autre clauſe extrêmement injurieuſe au Marquis de Gamache.

» Comme il pourroit arriver, que ma fille la Comteſſe de Cayeu vien-
» droit à déceder, laiſſant en bas âge ſes filles, s'il lui en venoit quel-
» qu'une, mon intention en ce cas, & ma volonté expreſſe & préciſe, eſt
» que le Comte de Cayeu mon gendre & leur pere, pour les raiſons que j'ai
» dites cy-devant ne s'immiſce & ne ſe meſle en façon quelconque de l'adminiſtration
» de meſdits biens & revenus ; mais je veux que cette adminiſtration ſe faſſe
» par des Tuteurs & Curateurs nommez par avis de parens, ſous l'inſpe-
» ction & vigilance du plus prochain appellé après meſdites petites filles,
» pour qu'il ſoit veillé plus ſûrement, tant à la conſervation des fonds qu'à
» leur augmentation, par l'emploi des deniers des revenus que j'ordonne
» qui ſera fait exactement juſqu'à la majorité de celle de mes petites-filles
» qui recueillera à titre d'inſtitution ou de ſubſtitution, ou tout au moins

» jufqu'à l'âge de vingt-ans accomplis, & aux charges & conditions portées
» par mon préfent Teftament, *auquel je veux qu'il foit obéï pleinement fans inter-*
» *pretation, alteration ni diminution.*

C'eft ainfi que le Teftateur, après avoir effayé de fouftraire fa fille à l'autorité de fon mari, entreprend encore, pour faire à fon gendre une nouvelle injure, de fouftraire fes petites-filles à l'autorité de leur pere, & fans être effrayé des fuites funeftes de femblables difpofitions, qui s'élevent ouvertement contre la Religion, la Nature & la Loi, le Teftateur déclare tranquillement, qu'il veut que l'on obéïffe à fon Teftament *pleinement, fans interprétation, altération, ni diminution.*

Ce Teftament finit par la nomination des Exécuteurs teftamentaires.

*Comme j'ai toujours,* dit le Teftateur, *infiniment aimé & eftimé ma femme, je crois ne lui en pouvoir donner une plus grande marque, comme auffi de ma con-fiance que l'inftituer Exécutrice de mon préfent Teftament, en lui recommandant en même-tems, & la priant de donner à ma fille, que j'ai toujours très-tendre-ment aimée, toutes les marques de bonté & amitié qu'elle peut attendre d'une très-excellente mere, & de faire pour fes intérêts tout ce qui dépendra d'elle.* Il n'y a perfonne qui puiffe concilier cette recommandation fi tendre que le Tef-tateur fait à fa femme des intérêts de fa fille, avec les autres difpofitions fi accablantes pour cette même fille, que l'on vient de rapporter.

Du même jour que ce Teftament eft un Codicile qui a pour objet la Terre de Pomponne. Le Teftateur fixe ce qu'il veut que l'on prenne an-nuellement pour l'entretien du Parc & Jardins potagers, & cet entretien monte à 900 livres. *Et afin,* ajoute-t-il, *que cette claufe ne périclite point, & qu'elle foit exécutée, j'ordonne qu'elle fera enregiftrée au Greffe du Bailliage de Meaux & Siége Préfidial de ladite ville de Meaux, comme auffi à l'Hôpital de Lagny, priant le Procureur du Roi de Meaux & ceux qui lui fuccéderont, de faire compter de ces fommes ordonnées tous les deux ans à la Saint Martin de chaque année, & en cas qu'elles n'euffent pas été employées auxdits entretiens, ma volonté eft que ce qui s'en défaudra, dont la juftification fera faite par les quittances des Ouvriers, foit appliqué à l'Hôpital de Lagny-fur-Marne.*

Le 20 Mars 1726 le Marquis de Pomponne a fait un Codicile qui mé-rite une attention finguliere. Ce Codicile eft le principal titre de l'Intimée.

» DEPUIS avoir fait mon Teftament en datte du vingtiéme Aouft
» mil fept cent vingt-un, & Codicile enfuite du vingt-un du même
» mois, ma fille la Comteffe de Cayeu étant accouchée le 15 Juin 1722.
» d'une fille, qui a été nommée Marie-Antoinette, & le 22 Mars 1725.
» d'une feconde fille, laquelle a été tenuë fur les Fonts par M. de Gama-
» che fon ayeul paternel, & par ma femme fon ayeule maternelle, & nom-
» mée Conftance-Simonette-Flore-Gabrielle, j'ai jugé à propos de faire à
» mondit Teftament du vingtiéme Aouft mil fept cent vingt-un, les chan-
» gemens fuivans, avec les chofes que je pourrai y ajoûter, laiffant au fur-
» plus en cas qu'il arrivât le décès de mefdites deux petites-filles fufdites,
» avant que ce que je vais ordonner à leur égard, pût être exécuté, dans
» la même fituation & difpofition portée par mondit Teftament, fans y rien
» changer ni innover que ce qui fera porté par ce préfent Codicile.

»     » Je confirme à ma fille la Comteffe de Cayeu le legs univerfel de tous

mes

» mes biens, que je lui ai fait par mon Teſtament, quant à l'uſufruit ſeu-
» lement, *& aux conditions expreſſes qui y ſont portées, tant à ſon ſujet, qu'en ce*
» *qui regarde ſon mari, leſquelles je confirme ici de même que ſi elles y étoient repe-*
» *tées*, mais toutes fois relativement à ſon Contrat de mariage, par lequel
» nous nous ſommes reſpectivement ſa femme ſa mere, & moi reſervez la
» jouïſſance des biens du prédécedé, en quoi je lui défends de la troubler
» ſous peine de réduction à ſa légitime dans ma ſucceſſion ; & quant à la
» propriété de tout ce dont je puis diſpoſer ſelon les Loix & les Ordonnan-
» ces, donner & ſubſtituer, je la legue, déclare & inſtitue après madite
» fille, mon héritiere univerſelle, ma ſeconde petite fille Conſtance-Simo-
» nette-Flore-Gabrielle Roüault, pour en jouïr après madite fille ſa mere
» en toute propriété, & ſpecialement de ma Terre & Marquiſat de Pom-
» ponne, avec ſes circonſtances & dépendances en entier, voulant & or-
» donnant expreſſément que ce qui ſe trouvera de propres dans lad. Terre
» qui pourroit être ſujet à diſcution entre cohéritiers, ſoit récompenſé ainſi
» qu'il appartiendra en autres biens & effets de ma ſucceſſion, afin que
» cette Terre ne puiſſe être diviſée ni démembrée : entendant que ce dont
» je peux diſpoſer ſuivant les Loix dans ce qui eſt de nature de propre,
» auſſi-bien que les acquiſitions que j'y ai faites ou pourrai faire, ſoient com-
» pris dans la préſente diſpoſition, auſſi-bien que tous les meubles & autres
» effets mobiliers qui ſe trouveront dans le Château au jour de mon décès ;
» ſous la condition expreſſe qu'auſſi-tôt après l'ouverture de ma ſucceſſion,
» madite petite fille joindra ou ſes Tuteurs pour elle, dans tous Actes le
» nom d'Arnauld de Pomponne à celui de Roüault, en plaçant le premier
» celui d'Arnauld de Pomponne, & écartelera de mes Armes au premier
» & quatriéme quartier, & prendra auſſi ma livrée telle que je l'aurai au
» jour de mon décès, & qu'en attendant qu'elle ſoit mariée, elle s'appellera
» dans le monde Mademoiſelle de Pomponne auſſi-tôt mon décès arrivé,
» & quittera celui de Cayeu qu'elle porte aujourd'hui, quelque âge qu'elle
» puiſſe avoir lorſque je viendrai à déceder.
　　» Je veux & ordonne, & ma volonté expreſſe eſt qu'au cas qu'il vienne
» un ſecond fils à mon neveu le Marquis de Treſnel, Eſprit - Juvenal de
« Harville des Urſins, Colonel du Regiment de Dragons d'Orleans, d'ici
» à deux ou trois ans, madite petite fille l'épouſe, parce que deux ou trois
» ans de différence ne ſeront point une diſproportion d'âge aſſez conſi-
» dérable pour qu'ils ne puiſſent point ſe convenir, à condition toutefois
» que les pere & mere de mondit petit neveu, ou la famille de ſa mere,
» lui donneront ou aſſureront en faveur dudit mariage, quinze mille livres
» de rente au moins en fonds de Terres qui puiſſent répondre en partie des
» repriſes & du douaire de madite petite fille ; mais j'ordonne en même-
» tems que mondit petit neveu, fils du Marquis de Treſnel mon neveu,
» quittera en épouſant madite petite fille, les noms qu'il auroit pû porter
» juſques-là, & prendra celui d'Arnauld de Pomponne, joint à celui de ſa
» Maiſon dans tous Actes & Contrats, avec mes Armes écartelées au pre-
» mier & quatriéme quartier, comme auſſi ma livrée, & dans le monde
» le nom de Marquis de Pomponne ; & au cas que mondit petit neveu ou
» ſes parens pour lui, refuſaſſent de ſouſcrire & d'exécuter ces conditions,
» j'ordonne que madite petite fille ſera mariée au plus tard à l'âge de vingt

» ans, à un aîné ou puîné de bonne Maison, pourvû, au cas que ce fût un
» puîné, qu'il ait pareillement quinze mille livres de rente très-assûrez en
» fonds de terre, pour répondre, comme j'ai dit, de partie des reprises &
» du doüaire, *qui sera choisi par les pere & mere du consentement & approbation*
» *de ma femme son ayeule maternelle, si elle vit pour lors, & de six de ses pro-*
» ches parents tant de mon côté, que de celui de ma femme, parmi lesquels je
» nomme spécialement mon frere l'Abbé de Pomponne, le Marquis de
» Torcy mon beau-frere, les Marquis d'Ancezuné & Duplessis Châtillon
» mes neveux, & le Marquis de Tresnel aussi mon neveu, & M. de Mai-
» sons, Président à Mortier, mon cousin issû de germain, lequel je supplie
» de donner sa protection à l'exécution de mes dispositions, de même que
» ses soins & bons offices. Je veux & entends que celui qui sera choisi par
» eux, se soumette aux conditions cy-dessus, lesquelles je veux qui soient
» stables & permanentes, & passent à la postérité qui naîtra de madite pe-
» tite fille en légitime mariage; *ma volonté étant que supposé qu'après être ma-*
» *riée, elle ou son mari voulussent y déroger, & les alterer en quoi que ce fût, elle*
» *soit & lui privés des avantages que je leur fais, & que la donation de tous mes*
» *biens retourne à l'aînée de mesdites deux petites filles* Marie-Antoinette Rouault,
» *aux mêmes conditions que j'impose à la puînée, & à celui qui l'époustra.*
» Je consens toutes fois que si c'étoit un aîné de Maison qu'elles épousent
» l'une ou l'autre, & non un cadèt, qu'en ce cas le mari de madite petite fille
» plaçât dans les Actes le nom de sa Maison le premier, & écartelât de ses
» Armes au premier & quatriéme quartier, pour n'être les miennes mises
» qu'au second & troisiéme.

» Je substitue à l'universalité de tous mes biens, c'est-à-dire, de tous
» ceux dont je puis disposer, donner & substituer suivant les Loix, Cou-
» tumes & Ordonnancas du Royaume, & tant que substitution peut durer
» & s'étendre, l'aîné des enfans mâles, qui naîtront de madite petite fille
» & de mondit petit neveu, au défaut de l'aîné le puîné, & successivement
» de mâle en mâle, observant entr'eux l'ordre de primogéniture, le tout
» aux mêmes conditions exprestes de porter mon nom, mes Armes & li-
» vrée de la façon & en la maniere que je l'ai dit, & au cas qu'il n'y eût
» point de mâles, l'aînée des filles & successivement les puînées, aux mê-
» mes conditions, observant entr'elles l'ordre de primogéniture, avec
» obligation expresse à ceux qu'elles épouseront & à leurs descendans de
» porter aussi mon nom, Armes & livrée, le tout à perpétuité en la maniere
» que je l'ai dit & ordonné, laquelle je rappelle encore ici de nouveau.

» Mais comme en ordonnant ce que dessus au sujet de madite petite fille
» Constance-Simonette-Flore-Gabrielle Rouault, que je veux qui soit ma-
» riée au plus tard à vingt ans avec le puîné des enfans mâles de mon ne-
» veu de Tresnel, s'il lui en vient un d'ici à deux ou trois ans, il la faut do-
» ter, j'ordonne que ma fille la Comtesse de Cayeu sa mere, ne jouïra après
» mon décès, & lorsqu'elle aura recueilli ma succession, de la totalité des
» revenus de tous mes biens, que jusqu'à ce que madite petite fille aura
» atteint l'âge de quatorze ans; que depuis cet âge jusqu'à ce que le ma-
» iage ordonné puisse le faire, il sera distrait par chacun an sur mesdits
» revenus la somme de huit mille livres, qui sera mile en fonds avec les
» intèrêts & interêts d'interêts, comme biens de mineur, pour accroisse-

» ment à la dot, & que lors du mariage & après il fera payé & délegué par
» chacun an fur mefdits revenus à madite petite fille par fa mere la fom-
» me de huit mille livres de rente annuelle, quitte & franche de toutes
» charges & diminutions, à l'exception des charges royales, comme Dixié-
» me, Cinquantiéme, & autres, s'il y en a pour lors d'établies, jufqu'à ce
» qu'après le décès de madite fille fa mere elle entre en pleine jouiffance
» & proprieté ; voulant auffi qu'après qu'elle fera mariée, fon mari lui
» donne fur fes revenus la fomme de trois mille livres par an, pour l'en-
» tretien de fa perfonne & de fes habits feulement, jufqu'à ce qu'elle entre
» en jouiffance de tous les revenus de mes biens ; & après que ladite jouif-
» fance lui fera échûë, qu'elle ait quatre mille livres par an qu'elle puiffe
» recevoir fur fes quittances fur les revenus de fonds qui lui feront déle-
» guez à cet effet, & ce par forme de penfion. Je me flatte que ma femme
» entrant dans mes vûës pour l'avantage de fa petite-fille & filleule, & celui
» de fon petit neveu, fera de fon côté ce qui dépendra d'elle pour leur en
» procurer le plus qu'il lui fera poffible, en leur affurant ou donnant en fa-
» veur de mariage ; je m'en repofe fur fes bonnes intentions & fur fa ten-
» dreffe & fon amitié pour moi.

» Et au cas qu'il ne vînt point d'enfans à mondit neveu le Marquis de
» Trefnel de puîné mâle d'ici à trois ans, ou que ceux qui lui viendroient
» décedaffent, en forte qu'il ne lui reftât qu'un mâle, j'ordonne & mon in-
» tention'eft que ma petite fille Conftance - Simonette - Flore - Gabrielle
» Rouault foit mariée avec mon petit neveu, feul fils aujourd'hui de mon-
» dit neveu de Trefnel, fous les mêmes conditions & fuivant les difpofi-
» tions & reglemens que je viens de faire ; avec les modérations que j'ai
» ftipulées en faveur d'un aîné de Maifon, au fujet de la maniere de por-
» ter mon nom, & d'écarteler de mes Armes, j'ordonne feulement qu'au
» cas de faute de fon cadet ou puîné ce foit l'aîné qui époufe madite petite
» fille, il joindra pendant fa vie & dès l'inftant du mariage, le nom d'Ar-
» nauld de Pomponne au fien, & écartelera de mes armes, & que lorfqu'ils
» auront deux enfans mâles, le puîné, & faute du premier puîné, les autres
» puînés fucceffivement prendront le nom feul & les armes d'Arnauld de
» Pomponne, avec ma livrée, mon intention étant & ma volonté, que l'uni-
» verfalité de tous les biens dont je puis difpofer, & que je puis fubfti-
» tuer fuivant les Loix, Ordonnances & Coutumes du Royaume, de-
» meure fubftituée aux puînés mâles de madite petite-fille, aux fufdites
» conditions, tant que fubftitution peut durer & s'étendre, & mon nom
» & mes armes à perpétuité, & au défaut des puînés mâles, ou à leur re-
» fus aux femelles, en obfervant entr'elles l'ordre de primogéniture, &
» aux mêmes conditions expreffes. «

» Au cas que madite petite-fille puînée ci-deffus nommée vînt à dé-
» céder avant d'être mariée fuivant ma premiere difpofition, qui eft en
» faveur du fils puîné de mon neveu de Trefnel, ou qu'elle fe fît Reli-
» gieufe avant que fa fœur aînée fût mariée, ma volonté eft que tous les
» avantages que je lui fais retournent à fa fœur aînée Marie - Antoinette
» Rouault, à condition qu'elle époufera l'aîné des enfans mâles de mon
» neveu de Trefnel, s'il n'y a point de puîné, ou que la difproportion d'âge
» fût trop grande entre madite petite-fille & le puîné qui pourra naître à
» mondit neveu. «

» Je veux, entends & ordonne, qu'outre les meubles & effets qui se
» trouveront dans mon Château, Terre & Marquisat de Pomponne, dont
» j'ai déja fait ici dessus la donation en entier à titre d'institution & de sub-
» stitution à madite petite-fille puînée & ses descendans mâles, mon beau
» meuble de velours cramoisy galonné d'or, complet, ma belle tapisserie
» de Cléopatre en dix piéces, & moitié de ma vaisselle d'argent, feront
» partie du legs que je lui fais de mes biens, & demeureront spécialement
» substitués aux enfans qui naîtront d'elle, le tout relativement & confor-
» mément à ce que j'ai ordonné ; mais toutesfois pour n'en jouïr qu'après
» le décès de ma fille la Comtesse de Cayeu leur mere, à qui je veux que
» l'usage en appartienne sa vie durant, aussi-bien que celui de mon Châ-
» teau de Pomponne, & de tous les meubles qui s'y trouveront au jour de
» mon décès. «

» S'il arrivoit qu'après que celui des enfans de mon neveu de Tresnel,
» qui auroit épousé l'une de mesdites petites-filles, & qui par ce mariage
» recueilleroit ou auroit recueilli mes biens, voulût cesser ou cessât en effet
» d'éxécuter les conditions de la présente donation & substitution, ou que
» leurs descendans en voulussent user de même en reprenant leur nom
» seul, armes & livrée, & quitter les miennes, en ce cas, ou arrivant
» le décès de mes deux petites-filles ci-devant nommées, avant d'être
» mariées, j'appelle à la présente donation & substitution le fils puîné de
» ma fille la Comtesse de Cayeu, s'il lui vient des garcons, aux mêmes
» conditions ; & au defaut d'un puîné d'elle, son fils aîné, avec les modé-
» rations que j'ai ci-devant expliquées en faveur d'un aîné de Maison,
» pour la maniere de joindre mon nom au sien, & de porter mes armes,
» & après lui le puîné de ses enfans mâles, & ainsi toujours de puîné en
» puîné, par préférence à l'aîné, & toujours à la même condition, de
» porter pour les puînés, mon nom, armes & livrée, & faute de mâles,
» les femelles de mondit petit-fils, en suivant entr'elles l'ordre de pri-
» mogéniture. «

» Et faute de la descendance de ma fille la Comtesse de Cayeu, j'appelle
» préférablement à ce que j'avois ordonné dans mon Testament, en faveur
» de mon Cousin Antoine-Charles de Pas, Marquis de Feuquieres, & de
» mon Cousin Charles Marquis de Heudetot, & que je revoque par le
» présent Codicile ; j'apelle, dis-je, la descendance en ligne directe de
» mes Niéces d'Ancesune, Duplessis Châtillon, & de ma niéce Constance
» Colbert de Torcy, 'qui n'est point encore mariée, toutes trois filles de
» ma Sœur, le tout en suivant l'ordre de primogéniture entr'elles, & entre
» leurs enfans par mâles ; & après la descendance de mesdites trois Niéces,
» celle de mon Neveu le Marquis de Croissy, fils unique de ma Sœur de
» Torcy, aussi par mâles ; & en cas de plusieurs mâles de mondit Neveu,
» le puîné sera preféré à l'aîné ; toutes ces differentes vocations faites aux
» mêmes conditions expresses que j'ai expliquées pour perpetuer mon
» nom & mes Armes, dans ceux qui recueilleront mes biens, n'enten-
» dant au surplus que toutes ces differentes vocations puissent devenir ca-
» duques par le défaut d'acceptation de ceux qui sont appellés ; à dessein
» d'abreger le tems de la Substitution, n'y ayant que ceux qui accepteront
» effectivement, & qui executeront de bonne foi les conditions impo-
» sées

» fées, que j'entends qui foient reputés, & qui foient en effet mes Lega-
» taires univerfels.

» Je me flatte que la difpofition que je fais en faveur de celles de mes
» deux petites filles que je defire, l'une au défaut de l'autre, qui époufe
» l'un de mes petits Neveux de Trefnel, ne déplaira point à ma fille, non-
» plus qu'au Comte de Cayeu mon Gendre, parce que je la fais pour l'avan-
» tage de celle qui fera ce mariage, puifque s'il ne vient point de-mâle
» à ma fille, l'aînée de fes filles emportant de furieux avantages par-deffus
» fa cadette, dans les Terres de fon Pere, en Picardie, la cadette fe trou-
» veroit réduite aux termes de la Coutume de la Province, très-défavan-
» tageux aux puînés, & que je fuis perfuadé d'ailleurs qu'ils ne pourroient
» donner que difficilement un meilleur parti pour l'une de leurs filles,
» que mondit petit Neveu de Trefnel, fur-tout fi celui qui vit aujourd'hui
» reftoit feul de-mâles.

» Je donne & legue en particulier à ma petite fille Marie-Antoinette
» Rouault, ma Terre & Seigneurie de Foreft, près Pomponne, qui eft une
» acquifition que j'ai faite, laquelle vaut entre deux mille cinq cens à trois
» mille livres de revenus, avec tout ce qui dépend de ladite Terre de
» Foreft; mais au cas que ce foit fa fœur cadette, qui par mes difpofitions
» fuccede à ma Terre & Marquifat de Pomponne, afin que ladite Terre
» de Foreft n'en puiffe être feparée, j'ordonne qu'elle la puiffe elle ou les
» fiens toujours retirer fur fa fœur, pour le prix de quarante-cinq mille
» livres, à quoi je fixe entre mefdites petites filles le prix de madite Terre
» de Foreft, pour être réünie & confolidée au corps du Marquifat de Pom-
» ponne, & cela feulement après le décès de ma fille la Comteffe de
» Cayeu leur mere, qui a, fuivant mes difpofitions, l'ufufruit de tous mes
» biens. «

» Je reitere & confirme par le préfent mon Codicile, entr'autres chofes,
» *l'article de mon Teftament qui regarde l'entretien de ma Terre & Marquifat*
» *de Pomponne, pour en empêcher le dépériffement & dégradation, en la maintenant*
» *dans fa valeur.* »

On s'eft crû obligé de tranfcrire prefque en entier ce Codicile, qui
donne fingulierement lieu à la conteftation, parce qu'une fimple analyfe
des difpofitions qu'il renferme n'auroit jamais pû le repréfenter tel qu'il
eft en effet; & l'on ne conçoit pas comment un Teftateur du nom d'Arnauld a pû s'égarer dans des difpofitions fi bifarres, fi remplies de contra-
dictions, fi impraticables dans leur éxécution, & fi réellement préjudi-
ciables à celle même que le Teftateur paroît avoir eu en vûe de gratifier.

Le Teftateur commence par y confirmer le legs univerfel fait à fa fille,
*quant à l'ufufruit feulement & aux conditions expreffes qui y font porteés, tant*
*à fon fujet* QU'EN CE QUI REGARDE SON MARI, *lefquelles il confirme*
*ici de même que fi elles y étoient rappellées.* Par ce préambule le Teftateur
renouvelle fans fcrupule l'outrage qu'il avoit fait au Marquis de Gamache fon gendre dans fon Teftament, où il éxige que fa fille fe faffe fépa-
rer de biens d'avec fon mari pour qu'elle puiffe adminiftrer feule fans le
concours de l'autorité maritale tous les biens qu'elle recueillera dans la
fucceffion de fon pere, & pour que fon gendre foit privé des jouiffances
que la Loi fait tomber dans la communauté, dont il eft feul le maître, &

D

où, prévoyant le cas que sa fille pourra mourir laissant des filles en bas âge, il déclare que sa volonté expresse & précise est que son gendre ne s'immisce & ne se mêle en façon quelconque de ses biens & revenus, mais que cette administration se fasse par des Tuteurs & Curateurs nommés par avis de parens, sous l'inspection & vigilance du plus prochain appellé après ses petites filles. En sorte que le Testateur, non-content d'enlever à son gendre la garde-noble & la tutelle de ses filles, lui envie jusqu'au droit d'inspection & de vigilance sur l'administration de ces Tuteurs étrangers.

L'institution universelle que le Testateur fait de l'Intimée est accompagnée de la condition, qu'aussi-tôt après le décès du Testateur, l'Intimée, en attendant qu'elle soit mariée, s'appellera dans le monde *Mademoiselle de Pomponne*, & quittera le nom de Cayeu, quelque âge qu'elle puisse avoir, lorsque le Testateur décedera.

Mais rien n'est plus singulier que le choix que fait le Testateur du mari qu'il destine à sa Légataire universelle, & rien n'est plus bisarre que les conditions sous lesquelles il veut que ce mariage se fasse.

S'il vient, dit le Testateur, un second fils à son neveu le Marquis de Tresnel *d'ici à trois ans*, sa petite-fille l'épousera, à condition toutefois que ses pere & mere lui donneront ou assureront 15000 livres de rente au moins, en fonds de terre, & son petit-neveu, en épousant sa petite-fille, quittera le nom qu'il auroit pû porter jusques-là, & prendra celui d'Arnauld de Pomponne.

A cette seule disposition, on peut aisément reconnoître la volonté étrangere qui a dominé dans la confection & l'arrangement des dernieres dispositions du Marquis de Pomponne. Pourquoi le Testateur, environné de neveux de son côté, destine-t-il sa petite-fille, dont il paroît vouloir faire une riche héritiere, à faire passer l'universalité de ses biens dans la maison de sa femme, préférablement à la sienne propre.

Si le petit neveu de sa femme, que le Testateur destine pour époux à sa petite-fille sa Légataire universelle, ou ses parens refusent d'éxécuter les conditions qu'il prescrit, le Testateur veut que sa petite-fille soit mariée au plus tard à l'âge de vingt ans, à un aîné ou puîné de bonne maison, pourvû, au cas que ce soit un puîné, que ce puîné ait pareillement 15000 liv. de rente, qui sera choisi par les pere & mere de sa petite-fille, *du consentement & approbation de sa femme si elle vit pour lors*, & de six des plus proches parens, tant du côté du Testateur que du côté de sa femme. Mais à quel titre le Testateur prétend-il gêner la liberté du Marquis & de la Marquise de Gamache dans le choix d'un gendre, & les assujettir à ne pouvoir marier leur fille que *du consentement* de la Marquise de Pomponne & de six des plus proches parens, tant du côté du Testateur que du côté de sa femme? Peut-on faire à des peres & meres une injure plus sensible? Et n'est-il pas évident que le Testateur est perpétuellement en contradiction avec les Loix?

L'époux qui sera choisi pour la petite fille du Testateur doit se soumettre aux conditions qu'il prescrit, c'est-à-dire, abdiquer entierement son nom & ses armes, pour prendre le nom, les armes & la livrée du Testateur; *& au cas qu'après être mariée la Légataire universelle ou son mari* *voulussent les alterer en quoi que ce fût, ils seront privés des avantages qu'il leur fait, & en ce cas* la donation de tous les biens du Testateur retournera à la sœur aînée de la Légataire universelle Marie-Antoinette Rouaut, aux conditions qu'il impose à la puînée, & à celui qui l'épousera.

Mais en ordonnant que l'Intimée soit mariée au plus tard à vingt ans, le Testateur prévoit avec raison qu'il faut la doter, & voici les mesures qu'il prend pour parvenir à cette dotation. Il ordonne que sa fille ne jouira de la totalité du revenu de ses biens que jusqu'à ce que sa petite-fille ait atteint l'âge de 14 ans ( elle aura 14 ans au 22 du présent mois de Mars ) & depuis cet âge jusqu'à ce que le mariage ordonné puisse se faire, il sera distrait par chacun an sur ces revenus 8000 liv. qui seront mises en fonds avec les intérêts & intérêts d'intérêts, comme bien de mineur pour accroissement à la dot; & lors du mariage, & après, il sera payé & délégué par chacun an sur ces mêmes revenus 8000 livres de rente annuelle, quitte & franche de toutes charges, jusqu'à ce qu'après le décès de sa mere elle entre en pleine jouissance & propriété.

Rien n'est plus mal assuré qu'une pareille dot; tant que la Marquise de Pomponne vivra, elle doit, aux termes du Contrat de mariage de la Marquise de Gamache, jouir de l'universalité des biens du Marquis de Pomponne, & pendant le cours de cette jouissance, la distraction ordonnée par le Testateur de 8000 liv. par chacun an sur les revenus des biens du Marquis de Pomponne, est absolument impraticable; la Marquise de Gamache réduite à la jouissance du seul revenu que peuvent produire les 150000 liv. qu'elle a reçues de dot présente, ne pourra certainement être assujettie à cette distraction annuelle d'une somme de 8000 liv. destinées avec les intérêts & intérêts d'intérêts à former la dot de l'Intimée. Et en cas que la Marquise de Gamache survive à la Marquise de Pomponne sa mere, cette distraction annuelle de 8000 liv. sur les revenus des biens du Marquis de Pomponne ne sera ni plus assurée ni plus praticable, parce que les dispositions testamentaires du Marquis de Pomponne ne pourront jamais entamer les portions non disponibles de ses propres, qui, malgré toute la mauvaise volonté du Testateur, & de ceux qui lui ont inspiré des dispositions si injustes & si mal concertées, sont déferées par la Loi à sa fille unique, & qu'il s'en faudra de beaucoup que les biens de libre disposition puissent supporter une charge aussi forte. Ainsi il est très-exactement vrai que tout ce que le Marquis de Pomponne a voulu faire en faveur de l'Intimée, est impossible dans l'éxécution, & que le plus mauvais office que l'on pût rendre à l'Intimée, seroit de confirmer des dispositions qui formeroient réellement un obstacle invincible à son établissement, & ne feroient que la précipiter dans des contestations ruineuses & indécentes avec ses pere & mere, sans en pouvoir retirer aucun fruit.

Le 28 Mars 1726 le Marquis de Pomponne a fait un Codicile extrêmement injurieux au Marquis de Gamache son gendre. En voici les propres termes.

» ET comme j'ignore le fonds des affaires du Comte de Cayeu, mon
» Gendre, que je sçai seulement & ne puis douter, qu'il fait beaucoup
» plus de dépenses que ses revenus actuels ne le comportent, & qu'il fait

» obliger ma fille, sa femme, à tous ses emprunts, afin de mettre par la
» suite les biens de ma Succession en sûreté & à couvert des poursuites de
» ses Créanciers, & de leurs saisies, qui pourroient les consommer en frais.
» J'ordonne expressément, en cas que lesdits créanciers du Comte de
» Cayeu les voulussent ou fissent saisir, & consommer en frais, comme
» cela pourroit arriver, que les revenus de mesdits biens appartiendront
» à madite petite fille Constance-Simonne-Flore-Gabrielle Roüault, & à
» faute d'elle à tous ceux qui sont successivement appellés à ma Succession,
» leur en faisant à cette fin don & legs audit cas, pour être lesdits revenus
» mis en fonds; jusqu'à ce que ma fille soit en repos du côté des créanciers
» de son époux, & qu'elle en puisse joüir sans trouble & paisiblement; j'ai
» lû & relû les deux derniers articles ci-dessus.

Il n'y a personne qui ne sente l'injustice d'une semblable disposition, &
l'impossibilité de l'éxécuter. Si un Créancier du Marquis de Gamache s'a-
vise de faire une saisie sur des revenus que la Loi fait tomber dans une
communauté dont le Marquis de Gamache est le maître, aussi-tôt la Marquise de Gamache se voit privée de l'usufruit que son pere lui a laissé, &
l'intimée où ceux qui sont appellés après elle deviennent Légataires des
revenus qui doivent être mis en fonds jusqu'à ce que la Marquise de
Gamache soit en repos du côté des Créanciers de son mari, & qu'elle en
puisse joüir sans trouble & paisiblement.

Le 31 Août 1736, le Marquis de Pomponne a fait un autre Codicile,
par lequel il nomme M. Neyret, Conseiller aux Requêtes du Palais, son
Exécuteur testamentaire. Mais ce Magistrat n'a pas crû avec raison devoir
se prêter à l'éxécution de dernieres dispositions si bisarres & si injustes; il
s'est déporté de l'éxécution.

Ce Codicile renferme une disposition encore plus odieuse que toutes
celles dont on vient de rendre compte. C'est un legs que le Testateur fait
au Chevalier de Gamache, le dernier des enfans mâles de sa fille, de
30000 livres en fonds à prendre sur le Marquis de Gamache son pere,
à laquelle somme le Testateur a bien voulu réduire ce qui lui est dû par
son gendre pour logement & nourriture pendant sept ans qu'il a demeuré
avec lui. Rapportons les propres termes de la disposition.

» Je donne & legue au dernier des enfans mâles de ma fille & du Comte
» de Cayeu mon Gendre qui est le troisiéme, & qu'on appelle le Chevalier,
» nourri & élevé à Vanvre, Anne-Jean-Baptiste Emile Roüault, une som-
» me de trente mille livres en fonds à prendre sur le Comte de Cayeu son
» pere, à laquelle j'ai bien voulu réduire ce qui m'est dû par mondit Gendre
» pour logement, ameublement, nourritures de sa femme & de lui chez
» moi, de deux femmes de chambre, logement & ameublement de leurs
» domestiques, le tout tant en santé que maladie, à l'exception des gens
» d'écurie, pendant plus de sept ans consecutifs, c'est-à-dire, depuis
» la Saint Jean mil sept cent quinze, jour de leur mariage, jusqu'au dixié-
» me Août mil sept cent vingt deux qu'ils se sont séparez de moi, & se
» sont logez en leur particulier. Desquels logemens & nourritures j'ai bien
» voulu ne les pas inquiéter depuis ce tems-là jusqu'à cette heure pour
» ne les pas incommoder dans leurs affaires, en attendant qu'il leur fût
» venu davantage de bien. Et ma volonté est, que du jour de mon décès,

ladite

» la dite somme de trente mille livres appartienne & soit propre à mondit
» petit-fils le Chevalier de Gamache, & qu'elle lui profite *avec les inte-*
» *rêts & intérêts d'intérêts comme mineur*, jusqu'à ce qu'il ait atteint l'âge de
» *pouvoir être émancipé & jouir de ses revenus.* Et au cas que mondit petit-fils
» vienne à mourir, je legue & donne ladite somme de trente mille livres
» avec les interêts qui en pourront être dûs, alors par augmentation de ce
» que je lui ai donné & legué, à ma petite-fille & filleule Marie-Antoi-
» nette Roüault de Gamache, pour lui demeurer propre comme à son
» frere. Je ne crois pas que ma fille & mon gendre puissent être fâchez
» de cette disposition, puisque je la fais en faveur de leurs enfans, & sur-
» tout du cadet des mâles, les deux aînez étant solidement établis soit par
» les Coutumes, & le second par la succession de Monsieur l'Abbé de
» Gamache son oncle dont il joüit actuellement, & entr'autres de la terre
» d'Aigreville dont il porte le nom.

Cette disposition est le comble de l'injustice & de l'aveuglement. le
Marquis de Pomponne n'a qu'une fille unique, à qui il ne donne de dot
présente que 15000 livres en la mariant à un homme d'une naissance di-
stinguée. Ne pouvant se résoudre à se séparer de sa fille, il exige qu'elle
& son mari demeurent dans sa maison, ils y demeurent en effet pendant
sept ans, sans qu'il soit question de pension entre le Beau-pere & le Gendre. Au bout de ces sept ans, & en 1722, ils se séparent sans que le Marquis de Pomponne s'avise de demander aucune pension ; au contraire il se
fait honneur dans le monde d'avoir logé & nourri gratuitement pendant
ces sept ans sa fille & son gendre, & quatorze ans après, en 1736, il
plaît au Marquis de Pomponne de travestir en créance sur son gendre ces
alimens fournis volontairement & gratuitement quatorze ans auparavant.
Et quel usage fait-il de cette créance ? Il en fait un présent funeste & em-
poisonné au dernier de ses petits-fils, pour le soulever contre son pere,
il veut que cette créance grossie par l'accumulation des intérêts & intérêts
d'intérêts devienne en faveur de ce petit-fils un titre pour persécuter le
Marquis de Gamache : & en effet le Tuteur de ce petit-fils s'est présenté
à la Cour pour demander la délivrance de ce legs. Est-il des expressions
assez fortes pour caractériser une injustice de cette espece ?

Le 5 Avril 1737 le Marquis de Pomponne a fait un dernier Codicile
par devant Notaires, par lequel il confirme toutes ses dispositions précé-
dentes, & associe sa femme à leur éxécution.

Telles sont les dernieres dispositions du Marquis de Pomponne que la
Marquise de Gamache sa fille unique est forcée de combattre.

La Sentence dont est appel rendue au Châtelet le trente Août 1738,
fait délivrance à l'Intimée du Legs universel aux charges des Substitu-
tions, sans néanmoins s'arrêter à la clause inférée au Testament, en ce
qu'il est dit que la Marquise de Gamache touchera sur ses quittances tous
les revenus des biens de la Succession de son pere, laquelle clause est dé-
clarée nulle & de nul effet, & en conséquence il est ordonné, qu'attendu
la communauté de biens d'entre le Marquis & la Marquise de Gamache,
le Marquis de Gamache touchera & administrera les revenus des biens de
la Succession, conformément à la Coutume, sans qu'il puisse néanmoins
toucher les fonds faisant partie de la Substitution.

E

C'est sur l'appel de cette Sentence que la Cour a à prononcer. Quand on a rendu un compte exact des dispositions dont se plaint la Marquise de Gamache, ses moyens s'établissent d'eux-mêmes.

Toutes les dispositions que l'on vient de rapporter démasquent le principe vicieux qui les a produites. Si la Loi permet aux Testateurs de déranger par leurs dispositions particulieres l'ordre des successions, ce n'est pas dans la vûe de les mettre à portée de satisfaire des passions injustes, & de sacrifier à leurs caprices leurs enfans. La Marquise de Gamache n'a jamais donné à son pere que des preuves de son respect & de sa soumission, & cependant le Marquis de Pomponne la traite dans ses dernieres dispositions, comme il auroit dû se faire un scrupule de traiter un enfant qui auroit manqué, à son égard, aux devoirs les plus essentiels. Ce n'est pas cependant que le Testateur paroisse irrité contre sa fille; au contraire il rend justice à toutes ses bonnes qualités, & il en fait l'éloge. Mais aveuglé par la haine injuste qu'il avoit conçue contre le nom & la personne de son gendre, il fait par l'évenement retomber sur sa fille unique tout le poids de cette haine, marquée aux traits les plus sensibles à chaque page, & pour ainsi dire à chaque ligne du Testament & des Codiciles qui l'ont suivi. Il n'y a pas une seule disposition qui ne tende à porter le trouble & la division entre le mari & la femme, & entre les pere & mere & leurs enfans. S'agit-il des meubles du Testateur, il ne veut pas que sa fille ait la liberté d'en divertir ni d'en faire transporter aucun dans les Terres de son mari. S'agit-il de la Terre de Pomponne, qui a de tout tems fait les délices des ancêtres de la Marquise de Gamache, elle ne peut pas disposer du moindre arbuste sans procès-verbaux d'Experts, sans visite, sans estimation, sans emplois. Les sommes destinées pour l'entretien de cette Terre sont fixées, & cette fixation est accompagnée du cérémonial d'un enregistrement au Bailliage de Meaux & à l'Hôpital de Lagny, & d'un compte à rendre tous les deux ans à la Saint Martin, en présence du Substitut de M. le Procureur Général au Bailliage de Meaux. Cette même Terre de Pomponne, qui est un ancien propre de la maison du Testateur, doit tomber en entier dans le Legs universel, sauf la récompense de l'héritiere en autres biens de la succession, qui sont pour la plûpart d'autres propres, & dont la valeur ne pourroit jamais suffire pour remplacer les portions non-disponibles de la Terre de Pomponne. La fille unique du Testateur réduite quant à la propriété à sa légitime, sur laquelle doit être imputée la somme de 15000 liv. qu'elle a reçue de dot présente, paroît gratifiée de l'usufruit du surplus des biens du Testateur; mais cet usufruit est une chimere par rapport aux charges dont il a plû au Testateur de le grever. Et la Marquise de Gamache ne paroît digne aux yeux du Testateur de jouir de cet usufruit, qu'en déclarant une guerre ouverte à son mari pour parvenir à se faire séparer de biens d'avec lui, & en secouant le joug de l'autorité maritale. Ce n'est pas seulement la Marquise de Gamache, que le Testateur s'efforce de soulever contre son mari, il entreprend encore de soustraire ses petits enfans à l'autorité de leur pere, qu'il dépouille de leur tutelle, & à qui il envie jusqu'au droit d'inspection & de vigilance sur l'administration des Tuteurs & Curateurs étrangers. Par une autre disposition, Si un seul des Créanciers du Marquis de

Gamache s'avife de faire une faifie des revenus des biens du Teftateur, qui tombent néceffairement dans la communauté dont le Marquis de Gamache eft le maître, auffi-tôt la jouïffance de ces revenus eft enlevée au Marquis & à la Marquife de Gamache, & elle devient la matiere d'un nouveau legs au profit de l'Intimée, ou de ceux qui font appellés après elle. Dans toutes ces difpofitions, dont l'affemblage fait un véritable volume, le Teftateur éleve l'édifice de différentes fubftitutions graduelles & perpétuelles. Mais dans le progrès de ces fubftitutions, il écarte perpétuellement les enfans mâles que fa fille pourra avoir, auxquels il préfere ouvertement les femelles, parce que tout ce qui porte le nom de fon gendre eft à fes yeux un objet de haine & d'averfion, pendant que dans la defcendance de fes petites-filles ou de ceux qui font appellés après elle, il appelle les mâles préférablement aux femelles. Et fi dans les derniers Codiciles il porte enfin fes vûes fur les enfans mâles de fa fille, ce n'eft qu'au défaut des filles de fa fille, ou pour faire au dernier de ces enfans mâles un legs odieux d'un Procès criant & fouverainement inique contre le Marquis de Gamache fon pere, en convertiffant en faveur de ce mineur en une créance produifant intérêts & intérêts d'intérêts, des alimens fournis pendant fept ans volontairement & gratuitement par le Teftateur à fa fille unique & à fon mari.

Mais ce qu'il y a de plus inconcevable, c'eft que le Teftateur, qui paroît tout rempli du defir de combler de fes bienfaits l'Intimée fa Légataire univerfelle, accompagne fa libéralité de conditions fi inouïes, fi bifarres, fi impraticables dans l'éxécution, qu'en voulant faire du bien à fa Légataire univerfelle, il la met réellement hors d'état d'efpérer aucun établiffement. Qui eft l'homme de condition qui fera tenté de fe foumettre à ce que le Teftateur exige de lui, pendant que l'Epoufe qui lui eft deftinée ne lui apportera en dot que des Procès ruineux & des difcuffions inextricables pour la liquidation des droits de la Marquife de Gamache & de ceux de la Légataire univerfelle; & après toutes ces difcuffions, où la Marquife de Gamache fera néceffairement valoir dans toute leur étendue les droits qui lui font néceffaires à la Loi, & que les difpofitions teftamentaires du Marquis de Pomponne ne peuvent entamer, ce que la Légataire univerfelle efpéroit recueillir de la libéralité de fon ayeul maternel, fe trouvera réduit à un objet fi médiocre, qu'il ne pourra tenter perfonne, & fans avoir recueilli du Legs univerfel d'autre fruit que d'avoir fatigué pendant plufieurs années le Marquis & la Marquife de Gamache, elle fe verra privée des avantages folides qu'elle auroit dû tenir de leur tendreffe & de leur libéralité.

Quels font en effet les arrangemens que prend le Teftateur pour l'établiffement de fa Légataire univerfelle? Il veut qu'elle foit mariée au plus tard à 20 ans, & qu'elle époufe un aîné de bonne maifon ou un puîné qui ait au moins 15000 liv. de rente en bons fonds de terre. Mais quelle dot la petite-fille du Teftateur apportera-t-elle en mariage? Le Teftateur veut que la Marquife de Gamache fa fille ne jouïffe de la totalité du revenu de fes biens, que jufqu'à ce que fa petite-fille ait atteint l'âge de 15 ans. Depuis cet âge jufqu'à ce que le mariage ordonné puiffe fe faire, il fera diftrait par chacun an fur ces revenus 8000 liv. qui feront mifes en fonds avec les intérêts & intérêts d'intérêts, comme bien de mineurs pour accroissement à la dot, & que lors du mariage & après, il soit payé & délégué par chacun an sur ses revenus à sa petite-fille par la Marquise de Gamache la somme de 8000 liv. de rente annuelle quitte & franche de toutes charges, jusqu'à ce qu'après le décès de sa mere la petite-fille entre en pleine jouïssance & propriété, voulant qu'après que sa petite-fille sera mariée, son mari lui donne sur ses revenus 3000 liv. par an pour l'entretien de sa personne & de ses habits seulement, & 4000 liv. après que la pleine jouïssance lui sera échûe.

Mais comment le Testateur a-t-il pû se dissimuler à lui-même l'illusion de tous ces projets.

Le Marquis de Pomponne dans son Codicile de 1726, qui fait le titre de l'Intimée, s'explique nettement qu'il ne doit être exécuté que relativement au contrat de mariage de sa fille, suivant lequel au moyen de la dot constituée par le Marquis & la Marquise de Pomponne à leur fille, le survivant de ses pere & mere doit jouïr de l'universalité des biens du prédécédé : ainsi en exécutant cette clause, tant que la Marquise de Pomponne vivra, elle doit jouïr de tous les biens du Marquis de Pomponne, & la Marquise de Gamache sera réduite à la jouïssance du revenu que peuvent produire les 150000 liv. de dot présente qu'elle a reçûes lors de son mariage. Comment donc pourra-t-on exiger que du jour que la Légataire universelle aura atteint l'âge de 14 ans, ce qui arrivera au 22 Mars 1739, jusqu'à ce que cette Légataire universelle se marie à l'âge de 20 ans au plus tard, la Marquise de Gamache fasse annuellement sur les revenus dont elle jouïra une distraction de 8000 l. pour former pendant ces six ans un capital grossi par les interêts, & interêts d'interêts qui serve d'accroissement à la dot de la Légataire universelle ? Voila une premiere opération phisiquement impossible, eu égard à la situation de la Marquise de Gamache par la clause de son contrat de mariage, relativement à laquelle, suivant le Testateur lui-même, ses dernieres dispositions doivent être exécutées.

La même distraction des 8000 liv. par chacun an à compter du mariage de la Légataire universelle, jusqu'au moment de la mort de la Marquise de Gamache, sera également impossible pendant tout le cours de la vie de la Marquise de Pomponne.

Allons plus loin & faisons pour un moment abstraction de l'obstacle naissant de la jouïssance reservée à la Marquise de Pomponne par le contrat de mariage de la Marquise de Gamache, que résultera-t-il en faveur de la Légataire universelle des arrangemens prescrits par le Testateur ? On ne peut enlever à la Marquise de Gamache la propriété pleine & absolue de sa légitime, qui consiste dans la moitié de tous les biens du Marquis de Pomponne, & la jouïssance en usufruit de l'autre moitié des mêmes biens : quand sur cette jouïssance on pourroit faire annuellement la distraction d'une somme de 8000 l. pendant l'intervalle des six années qui s'écouleront depuis que la Légataire universelle aura atteint l'âge de 14 ans, jusqu'à ce qu'elle ait atteint l'âge de 20 ans, auquel le Testateur veut qu'elle soit mariée, cette épargne de 8000 liv. par chacun an pendant six ans ne sera jamais qu'un objet de 48000 liv. en réunissant à cette masse de 48000 liv. les interêts & interêts d'interêts pendant six ans, n résultera, si l'on veut, un objet d'environ 60000 liv. on la mariera à l'âge de 20 ans au plus tard, & du moment du mariage jusqu'au moment de la mort de la Marquise de Gamache qui est jeune, il faudra déleguer par chacun an 8000 liv. qui ne seront plus employées en fonds, mais qui serviront à soutenir annuellement les charges du mariage, & sur ces 8000 liv. il faudra faire annuellement une seconde distraction de 3000 liv. par chacun an, destinées suivant la volonté du Testateur, à l'entretien *de la personne* de la Légataire universelle *& de ses habits seulement*; ainsi en donnant au Codicile de 1726, l'exécution la plus favorable que le Testateur ait pu se promettre, en écartant les obstacles qui peuvent naître soit de la jouissance reservée à la Marquise de Pomponne, soit de l'exercice des droits légitimes de la Marquise de Gamache, la situation la plus heureuse où la Légataire universelle pourra se trouver, suivant les arrangemens du Codicille, sera d'apporter en dot à son mari une somme d'environ 60000 liv. & 5000 liv. de rente annuelle, distraction faite de son entretien. Placée dans cette situation la Légataire universelle peut-elle se flater de se marier à un aîné de bonne maison, ou à un puîné qui ait au moins 15000 liv. de rente en fonds de terre, & qui sera assujetti à abdiquer son nom & ses armes, pour prendre à perpétuité lui & les siens, le nom, les armes, & la livrée du Marquis de Pomponne.

Mais il s'en faudra bien que la Légataire universelle se trouve dans une situation aussi heureuse : le Marquis de Pomponne, malgré toute sa mauvaise volonté pour son Gendre, ne peut enlever à sa fille par ses dispositions Testamentaires, les réserves coutumieres dans les propres. La Terre de Pomponne qui fait l'objet le plus considérable de sa Succession, est un propre. La plus grande partie de ses autres biens consiste encore dans des propres : ce ne peut donc être que sur les meubles & acquêts, & sur les portions disponibles des propres, que se pourra prendre ce que le Testateur a destiné pour former la dot de la Légataire universelle. Mais pour faire cette liquidation, il faudra que la Légataire universelle s'engage dans des contestations à l'infini : il faudra distinguer les dettes des legs : l'héritiere des propres & la Légataire universelle contribueront aux dettes à proportion de l'émolument, & la Légataire universelle sera seule chargée des legs : par ces operations le bénéfice du legs universel s'évanouïra presque entierement, aussi-bien que la substitution, & tout l'effet qu'auront produit les dernieres dispositions du Marquis de Pomponne, sera d'avoir porté le trouble & la désolation dans sa maison, d'avoir fait naître une infinité de discussions & d'embarras, d'avoir armé les enfans contre leurs pere & mere, & enfin d'avoir mis celle même que le Testateur paroît avoir voulu combler de ses liberalités, dans une impuissance absolue de parvenir à un établissement honorable & avantageux. Il faut donc conclure que le Marquis de Pomponne ne jouissoit point de lui-même quand s'abandonnant à ses passions, à cet amour demesuré pour son nom, & à sa haine du nom & de la personne de son Gendre, il s'est égaré dans des dispositions multipliées à l'infini qui blessent ouvertement les plus saintes loix, qui détruisent des droits sacrés puisés dans le sein de la Religion & de la nature, & qui ne peuvent être qu'une source intarissable de procès & de ……s.

AUBRY AVOCAT.

www.ingramcontent.com/pod-product-compliance
Lightning Source LLC
Chambersburg PA
CBHW050435210326
41520CB00019B/5933